AF239387

Klaus-Jürgen Wittig

Buen camino

Bilder
vom
Jakobsweg

Bibliografische Information der Deutschen Nationalbibliothek
Die Deutsche Nationalbibliothek verzeichnet diese Publikation in der Deutschen
Nationalbibliografie; detaillierte bibliografische Daten sind im Internet über
www. dnb.d-nb.de abrufbar.

Impressum:
Alle Rechte vorbehalten
© 2013 Klaus-Jürgen Wittig Berlin; www.kjwittig.de
3. Auflage Berlin 2013
Herstellung und Verlag: BoD - Books on Demand, Norderstedt
ISBN 978-3-8482-3119-5

Memo
Kalender
2014

Über alte Brücken die Füsse warm treten
Gelb weist den Weg
Die Berge im Rücken
Wird der Kopf voll werden?

Camino Aragonés
1. Tag: von Canfranc-Estación nach Castiello de Jaca, 15 km
Romanische Pilgerbrücke

Dezember/Januar

Mo	23		52
Di	24	Hl. Abend	
Mi	25	1. Weihnachtstag	
Do	26	2. Weihnachtstag	
Fr	27		
Sa	28		
So	29		
Mo	30		
Di	31	Silvester	1
Mi	1	Neujahr	
Do	2		
Fr	3		
Sa	4		
So	5		

Heilige Stätten am Wege
Wie viele knieten hier schon
Die Füsse im Kopf
Sonst Leere

2. Tag: von Castiello de Jaca nach Santa Ciclia de Jaca, 21 km
Ermita de San Cristóbal

Januar

Mo	6	Hl. Drei Könige	2
Di	7		
Mi	8		
Do	9		
Fr	10		
Sa	11		
So	12		
Mo	13		3
Di	14		
Mi	15		
Do	16		
Fr	17		
Sa	18		
So	19		

Hinaus in die Ebene
Blühende Weizenfelder
Steinmännchen am Wege
Pilgerzeichen
Abgewaschene Kalkberge
Und die Gedanken?

3. Tag: von Santa Cicilia de Jaca nach Artieda, 24 km
Weizenfelder bei Martes

Januar/Februar

Mo	20	4
Di	21	
Mi	22	
Do	23	
Fr	24	
Sa	25	
So	26	
Mo	27	5
Di	28	
Mi	29	
Do	30	
Fr	31	
Sa	1	
So	2	Mariä Lichtmess

Pilgerherbergen in alten Gemäuern
Steingerahmte Fenster
GeschlechterBurgen
Königreiche für Jacobus

4. Tag: von Artieda nach Ruesta, 8,5 km
Die Burg von Ruesta

Februar

Mo	3	6
Di	4	
Mi	5	
Do	6	
Fr	7	
Sa	8	
So	9	
Mo	10	7
Di	11	
Mi	12	
Do	13	
Fr	14	Valentinstag
Sa	15	
So	16	

Unten der See
Über hügelige Steige
Und steile Gassen
Mit Gaby gut unterwegs

5. Tag: von Ruesta nach Sangüesa, 19 km

Februar/März

Mo	17	8
Di	18	
Mi	19	
Do	20	
Fr	21	
Sa	22	
So	23	
Mo	24	9
Di	25	
Mi	26	
Do	27	
Fr	28	
Sa	1	
So	2	

Wie viele gehen hier
Die Herbergen überfüllt
Laute unterschiedlicher Sprache
Auch nachts
Und doch eine gute Atmosphäre
Irgendwie gehören wir zusammen
Brüder im Geiste?

6. Tag: von Monreal nach Tiebas, 14 km

März

Mo	3	Rosenmontag	10
Di	4	Fastnacht	
Mi	5	Aschermittwoch	
Do	6		
Fr	7		
Sa	8	Weltfrauentag	
So	9		
Mo	10		11
Di	11		
Mi	12		
Do	13		
Fr	14		
Sa	15		
So	16		

Weites Land
Windmühlen und Kanäle
Das Heiligtum Santa Maria de Eunate
Und WasserPilgerBrücken

7. Tag: von Tiebas nach Puente la Reina, 20 km
Die alte Pilgerbrücke

März

Mo	17		12
Di	18		
Mi	19		
Do	20	Frühlingsanfang	
Fr	21		
Sa	22		
So	23		
Mo	24		13
Di	25		
Mi	26		
Do	27		
Fr	28		
Sa	29		
So	30	Beginn Sommerzeit	

Römerwege entlang
Die Geschichte dabei
Alte Pilgerkreuze
Und romanische Brücken
Nach Estella, der Schönen

Camino Francés
8. Tag: von Puente la Reina nach Estella, 21 km
9. Tag: Estella Ruhetag
Auf Römerwegen

März/April

Mo	31	14
Di	1	
Mi	2	
Do	3	
Fr	4	
Sa	5	
So	6	
Mo	7	15
Di	8	
Mi	9	
Do	10	
Fr	11	
Sa	12	
So	13	

Gelb die Landschaft
Klöster, Weinbrunnen
Endlose Wege
Friss Staub, du Hund
Mehr denke ich nicht

10. Tag: von Estella nach Los Arcos, 21 km
Weizenfelder soweit das Auge reicht

April

Mo	14		16
Di	15		
Mi	16		
Do	17	Gründonnerstag	
Fr	18	Karfreitag	
Sa	19		
So	20	Ostersonntag	
Mo	21	Ostermontag	17
Di	22		
Mi	23		
Do	24		
Fr	25		
Sa	26		
So	27		

Ein Christus am Wege
Steinerne Hütten
Am Ziel
Caesare Borgia im Boden
Und Fisch in der Tinte

11.Tag: von Los Arcos nach Viana, 19 km
Bei Torres del Rio

April/Mai

Mo	28		18
Di	29		
Mi	30		
Do	1	Maifeiertag	
Fr	2		
Sa	3		
So	4		
Mo	5		19
Di	6		
Mi	7		
Do	8		
Fr	9		
Sa	10		
So	11		

Hier vollbrachte der Heilige wahre Wunder
Schlug er doch in der Schlacht bei Clavíjo (Logrono)
Gemeinsam mit dem Heer von König Ramiro I. von Asturien
Im Jahre 844
Die Mauren
Und wurde seither Matamoros
„Maurentöter" genannt

12. Tag: von Viana nach Navarrete, 22,5 km

Mai

Mo	12	20
Di	13	
Mi	14	
Do	15	
Fr	16	
Sa	17	
So	18	
Mo	19	21
Di	20	
Mi	21	
Do	22	
Fr	23	
Sa	24	
So	25	

Gepflegte Weinfelder
Geschichtsträchtige Klöster
Mit Herrschern in Steinsarkophagen
Am Schluss Cervezza con limon

13. Tag: von Navarrete nach Azofra, 22 km
Unterwegs bei Nájera

Mai/Juni

Mo	26		22
Di	27		
Mi	28		
Do	29	Christi Himmelfahrt	
Fr	30		
Sa	31		
So	1		
Mo	2		23
Di	3		
Mi	4		
Do	5		
Fr	6		
Sa	7		
So	8	Pfingstsonntag	

FachwerkKirchen
In den Dörfern
Und Schnecken am Wege

14. Tag: von Azofra nach Redecilla del Camino, 25 km
In der Nähe von Ciruena

Juni

Mo	9	Pfingstmontag		24
Di	10			
Mi	11			
Do	12			
Fr	13			
Sa	14			
So	15			
Mo	16			25
Di	17			
Mi	18			
Do	19	Fronleichnam		
Fr	20			
Sa	21			
So	22			

Wilder Mohn in den Feldern
Weites Rot
Sommersonne auf dem Land
Und steinerne Heilige
Über den Portalen

15. Tag: von Redecilla del Camino nach Villafranca Montes de Oca, 25,5 km
Mohnfelder

Juni/Juli

Mo	23	26
Di	24	
Mi	25	
Do	26	
Fr	27	
Sa	28	
So	29	
Mo	30	27
Di	1	
Mi	2	
Do	3	
Fr	4	
Sa	5	
So	6	

Metagrande
Die Hochfläche
Auf dem Scheitel
Das Ziel
Burgos
Begegnung mit Metamorus
Säbelschwingend in der Kapelle

16. Tag: von Villafranca Montes de Oca nach Burgos, 38 km
17. Tag: Burgos, Ruhetag
Hochfläche von Metagrande

Juli

Mo	7	28
Di	8	
Mi	9	
Do	10	
Fr	11	
Sa	12	
So	13	
Mo	14	29
Di	15	
Mi	16	
Do	17	
Fr	18	
Sa	19	
So	20	

Nach Norden
Hinein in die Berge
Auf den ersten Pilgerpfad
Der Geschichte
Alles Weitere
Von den Mauren verwehrt

Camino Primitivo
18. Tag: von Oviedo nach Escamplero, 12 km
Grüne Landschaften

Juli/August

Mo	21		30
Di	22		
Mi	23		
Do	24		
Fr	25		
Sa	26		
So	27		
Mo	28		31
Di	29		
Mi	30		
Do	31		
Fr	1		
Sa	2		
So	3		

Hórrero, Kornspeicher
Auf hölzernen, steinernen Säulen
Abschlusssteine
Mächtige Kastanien
Grüne Wege

19. Tag: von Escamplero nach Grado, 13 km
Hügelland bei Grado

August

Mo	4	32
Di	5	
Mi	6	
Do	7	
Fr	8	
Sa	9	
So	10	
Mo	11	33
Di	12	
Mi	13	
Do	14	
Fr	15	Mariä Himmelfahrt
Sa	16	
So	17	

Durch steinige Betten von Flüssen
Rast
An heiligen Wassern
Und
Stätten des Mittelalters

20. Tag: von Grado nach Salas, 23 km
Flussbett des Narcea

August

Mo	18	34
Di	19	
Mi	20	
Do	21	
Fr	22	
Sa	23	
So	24	
Mo	25	35
Di	26	
Mi	27	
Do	28	
Fr	29	
Sa	30	
So	31	

Bauern
Auf gestifteten Holzschuhen
Dörfer am Horizont
Wege
Waldreich
Es wird einsam

21.Tag: von Salas nach Tineo, 20 km
Das Dorf Poveda

September

Mo	1	36
Di	2	
Mi	3	
Do	4	
Fr	5	
Sa	6	
So	7	
Mo	8	37
Di	9	
Mi	10	
Do	11	
Fr	12	
Sa	13	
So	14	

Hochflächen
Und steingesäumte Hohlwege
Am Ende
Einkehr
Bei Herminia

22. Tag: von Tineo nach Campiello, 13 km
Hochflächen und Wälder

September

Mo	15	38
Di	16	
Mi	17	
Do	18	
Fr	19	
Sa	20	
So	21	
Mo	22	39
Di	23	
Mi	24	
Do	25	
Fr	26	
Sa	27	
So	28	

Über Hochweiden
Und steil hinunter nach Pola
Rast vor dem Anstieg
Bergauf zum Puerto del Palo

23.Tag: von Campiello nach Pola de Allande, 14 km

September/Oktober

Mo	29		40
Di	30		
Mi	1		
Do	2		
Fr	3	Tag der Deutschen Einheit	
Sa	4		
So	5		
Mo	6		41
Di	7		
Mi	8		
Do	9		
Fr	10		
Sa	11		
So	12		

Treffe Sonia, die Spanierin
Und Barà und Dolina
Mado und Michael aus Frankreich
Und Andrés mit den vielen Taschen
Suchende
Am Wege

24. Tag: von Pola de Allande nach Berducedo, 18 km

Oktober

Mo	13	42
Di	14	
Mi	15	
Do	16	
Fr	17	
Sa	18	
So	19	
Mo	20	43
Di	21	
Mi	22	
Do	23	
Fr	24	
Sa	25	
So	26	

Endlich befreit der Raum den Kopf
Gehen in der Routine
Der Himmel wird weiter
Energie kann strömen

25. Tag: von Berducedo nach Castro, 21 km

Oktober/November

Mo	27		44
Di	28		
Mi	29		
Do	30		
Fr	31	Reformationstag	
Sa	1	Allerheiligen	
So	2		
Mo	3		45
Di	4		
Mi	5		
Do	6		
Fr	7		
Sa	8		
So	9		

Hier treffe ich auch Jacobus
Und der sagt mir: "Denke an die Kinder"
Stehe neben meinen Pilgerschuhen
Den ausgetretenen
Sie passen nicht mehr

26. Tag: von Castro nach Fonsagrada, 21 km

November

Mo	10		46
Di	11		
Mi	12		
Do	13		
Fr	14		
Sa	15		
So	16		
Mo	17		47
Di	18		
Mi	19	Buß- und Bettag	
Do	20		
Fr	21		
Sa	22		
So	23		

Andere Gedanken
Weg vom „Ich"
Steinerne Mauern
Und die Dächer verwittert

27. Tag: von Fonsagrada nach Cádabo , 23 km
Steinerne Dachlandschaften

November/Dezember

Mo	24		48
Di	25		
Mi	26		
Do	27		
Fr	28		
Sa	29		
So	30	1. Advent	
Mo	1		49
Di	2		
Mi	3		
Do	4		
Fr	5		
Sa	6	Nikolaus	
So	7	2. Advent	

Rosen am Wege
Nach Lugo
Der Mauerumwehrten

28. Tag: von Cadavo nach Lugo, 30 km, 29. Tag: Lugo, Ruhetag

Dezember

Mo	8		50
Di	9		
Mi	10		
Do	11		
Fr	12		
Sa	13		
So	14	3. Advent	
Mo	15		51
Di	16		
Mi	17		
Do	18		
Fr	19		
Sa	20		
So	21	4. Advent	

Auf zu Jacobus
Der mir zulächelt
Massen von Pilgern
Ungezählte
Eukalyptus am Wege

30. Tag: von Arzua nach Santiago, 39 km
Eukalyptusbäume

Dezember/Januar 2015

Mo	22		52
Di	23		
Mi	24	Hl. Abend	
Do	25	1. Weihnachtstag	
Fr	26	2. Weihnachtstag	
Sa	27		
So	28		
Mo	29		1
Di	30		
Mi	31	Silvester	
Do	1	Neujahr	
Fr	2		
Sa	3		
So	4		

WegMarken

Zu meinem 50. Geburtstag schenkte mir ein Freund einen Bildband über den Jakobsweg. Dieses Buch habe ich in den vergangenen Jahren immer wieder einmal in die Hand genommen und dabei ist die Sehnsucht gewachsen, diesen Weg doch einmal zu gehen. Letztes Jahr war es endlich so weit. Eine Freundin hier von Berlin ist diesen Weg vor Jahren schon einmal gegangen und wollte das wiederholen. Ich war dabei. Vor allem ihr Vorschlag, den Weg nicht auf der üblichen Route zu gehen, hat mir gefallen. Hatte ich doch im Internet nachgelesen und war über die Anzahl der Pilger verblüfft. Mehr als 180.000 waren es im Jahre 2011. Eine Massenveranstaltung, die ich überhaupt nicht liebe.

Wir wollten also den Weg teilen: Zuerst den Camino Aragonés vom Somportpass bis nach Puente la Reina, dann den Camino Francés nach Burgos und zum Schluss den Camino Primitivo von Oviedo nach Santiago de Compostela.

Das versprach spannend zu werden, ist doch der Camino Primitivo als erster Pilgerweg der Geschichte mit seinen 280 Kilometern besonders anspruchsvoll. Er hat viele Pässe, ist sehr grün und ist auch nicht besonders viel begangen. Insgesamt würden es zirka 680 Kilometer werden.

Und da wir sechs Wochen Zeit hatten, blieb auch noch Zeit für Finisterre am Atlantik.

Was treibt mich eigentlich auf diesen Weg? Nur die alte Sehnsucht, oder ist es noch etwas anderes?

Ich habe in den letzten Jahrzehnten in Südtirol gelebt und bin dort viel auf den Berg gegangen. Aber weit wandern? Nicht so mein Ding. Ich lebe jetzt in Berlin. Meine Frau, eine Boznerin, ist 2004 gestorben - ich bin aus diesem wunderschönen Land geflüchtet. Die vielen Erinnerungen habe ich nicht ausgehalten. Und ausgerechnet in Berlin bin ich- nicht geplant- gelandet. Die Erinnerungen habe ich mitgenommen, aber sie sind nicht mehr so körperlich spürbar.

Ich fühle mich gut.

Was ist es also?

Meine religiösen Gefühle sind nicht besonders entwickelt und mit meinen Sünden kann ich auch ganz gut leben. Es muss also etwas anderes sein. Es ist sicher eine sportliche Herausforderung, aber auch das kulturelle Erleben.

Ein anderes Land und das zu Fuß.

Es bleibt Zeit zum Schauen, zum Staunen.

Meine Kamera habe ich dabei, auch Tagebuchnotizen möchte ich machen. Und was ich immer noch habe - eine große Neugier. Das treibt mich an.

Das ganze Leben schon.

Die körperlichen Anstrengungen des Weges sind jetzt schon lange zu Ende.

Rückblickend habe ich den Wegverlauf, die gegangenen Wegstrecken und -zeiten rekonstruiert.

Ich habe unterwegs Menschen kennengelernt, mit denen ich bestimmte Wegabschnitte gemeinsam zurücklegte und noch heute verbunden bin.

Diese Nachbearbeitung war ein wunderbares Erlebnis.

So bin ich meinen Jakobsweg gewissermaßen noch einmal gegangen und habe ihn noch einmal nachempfunden.

Davon zeugen die verschiedenen Landschaften, die ich zurückschauend gemalt habe.

Steinernes Pilgerkreuz vor Estella

Klaus-Jürgen Wittig
Geb. 1938 in Berlin. Aufgewachsen in Sachsen. Nach Jahren der Wanderschaft wieder an seinem Geburtsort angekommen.
Studium Technik Karl-Marx-Stadt, Design Paris, Wirtschaft Bad Harzburg. Ausstellungen im In- und Ausland. Malunterricht bei div. Malern. Studienfahrten in die Mittelmeerländer. Seit jüngster Zeit auch darüber hinaus.